TRUEBLOOD
Vraie Mythologie

C.M. DUTKIEWICZ

TRUEBLOOD
Vraie Mythologie

C.M. DUTKIEWICZ

© Editions C.M. Dutkiewicz 27370 St-Didier-des-Bois, 2019
ISBN 978-2-9561589-9-8, 1re publication

Originaire de Normandie, C.M. est passionnée de mythologie et aime étudier son influence sur la société moderne.

Sommaire

Introduction

Qui est Lillith ? D'où viennent les vampires ? Qu'est-ce qu'une ménade ? Qui était le premier loup-garou ?

Avec plus de 100 entrées, classées par ordre alphabétique, ce petit dictionnaire, 100% Fan Made, vous fera découvrir la base mythologique qui a inspiré la série True Blood
.

Mythologie gréco-romaine

Ambroisie • Athéna / Minerva • Bacchus / Dionysos • Bromios • Cronos • Daphné • Dentritès • Diane • Gaïa • Hadès • Hélène de Troie • Lethé • Ménade • Mnemésonis • Pan • Titan

Ambroisie

L'ambroisie est l'aliment divin dont se nourrissent les dieux grecs et romains.

Athéna / Minerva

Fille de Zeus, elle fait partie des douze olympiens. Elle sortit du crâne (ou de la cuisse) de son père lorsqu'Héphaïstos le fendit d'un coup de hache. Elle était déjà adulte et portait les armes pour la bataille.

Athéna est souvent représentée en armure, équipée d'un casque, d'un bouclier rond et d'une lance. Son animal est la chouette. Sur son bouclier est peint (ou épinglé) la tête de Méduse que Percée lui ramena. Athéna est la déesse de la guerre, des arts et de plusieurs professions. Athéna resta vierge mais contrairement à Artémis, ne fuyait pas les hommes.

Elle est la patronne de nombreuses villes, dont notamment Athènes, qu'elle se disputa avec Poséidon mais les athéniens préférèrent le cadeau d'Athéna (un olivier) plutôt que celui de Poséidon (une source d'eau saumâtre). A Athènes, Poséidon est vénéré juste après Athéna.

Athéna est aussi la protectrice de plusieurs héros (Persée, Bellerophon, Héraclès, Jason, Diomède et Ulysse).

Athéna fut associée à Minerve par les romains.

Bacchus / Dionysos

Dionysos est le dieu gréco-romain du vin et promoteur de l'agriculture. Il est le fils de Zeus et de Silène.

Silène mourut avant de pouvoir lui donner naissance et pour le sauver, Zeus s'ouvrit la cuisse et y plaça son fils. Deux mois plus tard, Zeus ouvre sa cuisse et Dionysos en sort. Pour le protéger de la jalousie d'Héra, Zeus confit Dionysos aux nymphes pour que celles-ci l'élèvent.

Dionysos a le pouvoir de frapper de folie ceux qui refusent de lui rendre hommage. Il est accompagné des satyres. Les femmes qui lui rendent hommage sont habillées de peau de bête et dans la nuit dans les montagnes, on les appelle mes ménades (ou bacchantes).

Dionysos devient par la suite un dieu des plaisirs et de l'exaltation.

Bacchus (pour les romains) porte de nombreux surnoms, dont notamment : Bromios, Dentrites, Eleuthereus et Enorchès[1].

BROMIOS

Bromios signifie le frémissant. Il s'agit de l'un des noms de Bacchus.

CRONOS / SATURNE

Fils d'Ouranos (le ciel) et de Gaïa (la terre), c'est un titan qui prit pour épouse sa sœur titanide Rhéa.

Il était le roi des Titans. Gaïa vint se plaindre auprès de Cronos des mauvais traitements que lui inflige Ouramos en empoisonnant ses enfants. Elle donne à Cronos une faucille en silex pour qu'il aille défier son père. Avec la faucille, Cronos trancha le phallus d'Ouranos et le jeta. De son sang naquit les Erinyes, les géants et les nymphes.

---

1   *On retrouve ces surnoms dans la série.*

Cronos régna à la place de son père mais craignant, lui aussi, de subir le même sort, il mangea tous ses enfants au moment où Rhéa les mit au monde. Elle ne réussit qu'à sauver Zeus, en le remplaçant par une pierre langée à la place.

Zeus fut élevé en secrets par les nymphes, il épousa l'Océanide Métés qu'il persuade de donner à Cronos un vomitif pour lui faire restituer ses cinq autres enfants. Ainsi, Zeus, aidé de Hestia, Déméter, Héra, Hadès et Poséidon, menèrent une guerre contre leur père qu'ils réussirent à vaincre. Zeus prit sa place et l'envoya dans le tartare où les Hécatonchires furent chargés de le garder. Cronos est associé à Saturne chez les Romains.

DAPHNÉ

Daphné est une nymphe, fille du fleuve Pénée. C'est une vierge chasseresse (comme Artémis) qui refuse la compagnie des hommes. Oenomas tomba amoureux de Daphné et se déguisa en femme pour être auprès d'elle et pris le nom d'Oeno. Daphné accepta donc Oeno comme chasseresse. Apollon, qui était jaloux, inspira aux compagnes de Daphné l'idée de se baigner. Oeno refusa et les nymphes déchirèrent sa tunique et virent qu'il s'agissait d'un homme. Elles le tuèrent pour sa ruse.

Apollon, qui était toujours épris de Daphné mais celle-ci se refusa catégoriquement à lui. En effet, Apollon s'était moqué d'Éros, dieu de l'amour, et celui-ci, pour se venger, envoya une flèche en or à Apollon qui tomba amoureux de Daphné mais Daphné reçu une flèche de plomb et devint insensible à l'amour. Apollon poursuivit Daphné sur les rives du Pénée. Refusant d'être à lui, Daphné implora l'aide des dieux et son père l'enracina à l'endroit même et la changea en laurier.

A compter de ce jour, une branche de laurier décore la lyre et le carquois d'Apollon ainsi que la tête des ménestrels.

Dentritès

Dentritès signifie celui qui sert le vin. Il s'agit de l'un des noms de Bacchus.

Diane / Artémis

Artémis déesse de la chasse, sœur d'Apollon, fille de Léto et Zeus.

Artémis est la déesse vierge de la chasse, protectrice des animaux, des enfants et de la virginité. Elle traverse les montagnes et forêts accompagnée de ses nymphes. Archère exemplaire, elle châtie ceux qui veulent s'en prendre à sa mère et tua la plupart des enfants de Niobé qui s'était vantée d'avoir plus d'enfant que Léto.

Artémis est une déesse de la Lune et forme avec Hécate et Perséphone les trois phases de la Lune. Elle punissait sévèrement ceux qui oubliaient de lui rendre hommage.

Diane pour les Romains est Artémis pour les Grecs

Gaïa

Gaïa (la Terre) est la première à naître du chaos primordiale, en même temps que le Tartare, la nuit (Nyx), les ténèbres (Érèbe). Elle donna naissance à Ouranos (le ciel), à Pontos et aux autres montagnes.

L'union du ciel et de la terre donna naissance aux Titans (donc Cronos et Rhéa), à Océan et Thétis, aux cyclopes (primordiaux). Mais Ouranos ne supporta pas la vue des cyclopes et les repoussa dans le ventre de la terre. Écartelée et souffrante, Gaïa donna une faucille à Cronos pour qu'il émascule son père et prenne sa place sur le trône. Du sang gouttant du phallus d'Ouranos n'acquirent les furies, les géants et les Méliades (nymphes du frêne). Le sexe d'Ouranos atterrie dans la mer et du mélange avec l'écume naquit Aphrodite.

Mais Cronos se montra aussi cruel que son père en enfermant au Tartare les cyclopes et en dévorant ses enfants au fur et à mesure que ceux-ci naissaient. Seul Zeus parvient à être sauver car Rhéa (sa mère) et Gaïa l'échangèrent contre une pierre langée.

Gaïa est l'inspiratrice de nombreux oracles et de nombreux temples lui rendaient hommage. Elle est la mère primordiale, la fondatrice des lignées de la plupart des dieux.

Hadès / Pluton

Fils de Cronos et Rhéa, il reçoit l'intérieur des terres, le royaume des ombres, lors du partage du monde avec Zeus et Poséidon. Il a pour femme Perséphone qu'il enleva de sur la terre. Hadès est le gardien de son royaume (Enfer) dont nul ne peut partir et où chacun est soumis à sa loi.

Hermès, le messager des deux, est le seul à pouvoir effectuer le voyage sans devoir payer un tribut pour sortir.

Hadès est associé à Pluton chez les Romains.

Hélène de Troie

Hélène est la fille de Zeus et de Némésis. Un jour que Zeus la poursuivait de ses avances et voulant lui échapper, Némésis se transforma en oie. Zeus se transforma en cygne et s'unit à elle sous cette forme. Némésis pondit un œuf d'où naquit Hélène. Hélène fut élevé par Léda et passe parfois pour sa fille. D'une grande beauté, on dit qu'Aphrodite lui donna le pouvoir de séduire l'homme qu'elle voulait.

Lorsqu'elle fut en âge de se marier, de très nombreux prétendants se présentèrent. Tous durent jurer de défendre et protéger le mari d'Hélène (afin d'éviter une perpétuelle série de meurtres). Ménélas, roi de Sparte fut désigné comme son mari. Elle partit vivre à sa cour. Hélène donna une fille à Ménélas : Hermione. Lorsque Pâris, fils de Priam, roi de Troie, vient en visite à Sparte, il succomba aux charmes d'Hélène. S'étant attiré les faveurs d'Aphrodite, Hélène succomba à Pâris. Pâris et Hélène s'enfuirent pour Troie où ils furent mariés. A la mort de Pâris, Hélène épousa Déïphobe, frère de Paris.

Lorsque Ménélas découvre la fuite d'Hélène et Pâris, il convoque tous les anciens prétendants d'Hélène et monta une armée pour attaquer Troie. Il s'agit de la célèbre guerre de Troie. A la fin de la guerre, Ménélas repart victorieux avec Hélène.

Il existe plusieurs versions sur la mort d'Hélène. Ménélas la tue lorsqu'ils arrivent à Sparte après la guerre de Troie. Hélène est tuée par les servantes de la reine de Rhodes déguisés en Érinyes. Hélène est la protectrice des marins, avec ses frères Castor et Pollux.

Jason

Jason est le fils d'Aeson et héritier du trône d'Iolcos. Pélias, le frère d'Aeson, usurpa le pouvoir à la mort de celui-ci. Afin de le protéger de Pélias, Jason fut envoyé au centaure Chiron pour qu'il fasse son éducation sur le mont Pélion. Jason y apprit notamment l'art de la médecine. Devenu adulte, Jason retourna à Iolcos pour reprendre le pouvoir. En chemin, il aida une vieille femme à traverser une rivière en crue. C'était Héra qui aida Jason à partir de cet instant car Pélias méprisait son culte.

Arrivé à Iolcos, Jason se présenta à Pélias. Celui-ci lui accorda de reprendre le trône à condition qu'il lui rapporte la toison d'or.

Aidé de ses camarades, Jason partit à la recherche de la toison
d'or en Colchide. Argos lui construit un navire dont la proue
avait des dons prophétique,Tiphys en est le pilote, Orphée le divin ménestrel, Pollux le champion de boxe et Lyncée à la vue
perçante. De nombreux héros grecs l'aide dans ses aventures,
dont Hercule.

Pour récupérer la toison, Jason doit accomplir de nombreuses
épreuves. Il est aidé dans l'une d'elle par Athéna. Aphrodite,
pour sa part, fait en sorte que la magicienne Médée l'aime et tra-
hisse son père le roi de Colchide pour lui. C'est ainsi que Jason
récupère la toison d'or et que Médée s'enfuit avec lui. Lors de
leur retour à Iolcos, Jason remet la toison d'or à Pélias mais retourne à Corinthe où il vit avec Médée qui lui donne plusieurs
enfants.

Cependant, un jour, le roi Créon offre la main de Glaucé, sa fille,
à Jason qui répudie Médée pour l'épouser. Folle de colère et de
chagrin, Médée tue Créon (qui l'avait bannit de Corinthe), Glaucé et ses enfants avant de fuir.

Jason est soit tué par Médée, soit il se suicide, n'ayant plus rien
ni personne.

LÉTHÉ

Léthé (oubli) est la rivière qui parcourt les enfers. Les esprits des
morts y buvaient pour oublier leur vie terrestre.

MÉNADE

Les ménades, ou Bacchantes, sont les femmes qui accompa-
gnaient Dionysos dans ses périples. Prise de folie extatique, elles
chantent, dansent et jouent de la musique dans la montagne. Vê-

tues de peau de bêtes, elles portent à la main le thyrse (bâton surmonté d'une pomme de pin et sont couronnées de lierre, feuilles de chêne ou aiguille de sapin. Elles brandissent également des torches, des serpents et des grappes de raisin. Leur force physique leur permet de déchirer et dévorer les bêtes sauvages. Insoucieuses des convenances, elles tuaient ceux qui les espionnaient.

Leur nom (ménade) signifie femmes possédées, enragées. On les nomme parfois Thyiades : « inspirées ».

Mnemésonis / Mnémosyné

Mnémosyné est une Titanide, fille de Cronos. Elle donna naissance aux muses des suites de son union avec Zeus.
Mnémosyné signifie Mémoire.

Pan / Faunus

Pan est le fils d'Hermès.
Sa mère n'est pas vraiment connu car lorsqu'elle l'abandonna dans la forêt lorsqu'elle vit son apparence. En effet, Pan avait le torse et la tête d'un homme mais ses membres inférieurs étaient des pâtes de chèvre ornées de sabot et il portait des cornes sur sa tête. Ce sont les nymphes qui l'élevèrent et Hermès reconnu sa paternité et le présenta aux autres dieux.
Pan est le dieu des pâtures et plus particulièrement des moutons et des chèvres. Il a un appétit lubrique et aime pourchasser les nymphes.
Ses aventures sont parfois chanceuses mais d'autres se refusent à lui. En particulier Syrinx, qui demanda aux autres nymphes de la changer en roselière. Pan coupa quelques tiges de longueur

différentes qu'il assembla pour former une flûte (la flûte de Pan). Pan joue de la flûte il accompagne les satyres lors des fêtes de Dionysos. Pan aimait faire des farces aux voyageurs en surgissant devant eux et leur causant panique.

Parfois, les satyres sont identifiés à Pan (au même titre que les faunes sont identifiés à Faunus).

Pan chez les Grecs est identifié à Faunus chez les Romains. Le dieu romain Silvain est parfois associé à Faunus (et Pan).

Titan

Les Titans sont une race de dieux nés de l'union d'Ouranos (le ciel) et de Gaïa (la terre).

On compte douze principaux titans : Cronos, Rhéa, Océan, Téthys, Japet, Hypérion, Coéos, Crios, Phœbé, Thémis, Mnémosyné et Théia.

Certains de leurs enfants étaient considérés aussi comme des titans tels qu'Hélios (le soleil), Prométhée, Atlas.

Les enfants de Cronos et Rhéa ne sont pas des titans mais des Olympiens (Zeus et Poséidon par exemple).

Les Titans régnèrent lorsque Gaïa se vengea d'Ouranos en armant Cronos d'une faucille qui lui trancha les organes génitaux et pris sa place. Mais Cronos devient bientôt aussi tyrannique que son père et Gaïa aida Zeus à le renverser.

Les Titans vaincus furent envoyés dans le Tartare où ils subissent mille tourments.

Le châtiment d'Atlas est de porter la voûte céleste sur ses épaules.

ÉQUIVALENCE DES NOMS GRECQUES ET ROMAINS CITÉS DANS CET OUVRAGE :

Grecque	→	Romain
Artémis	→	Diane
Aphrodite	→	Vénus
Apollon	→	Phébus
Arès	→	Mars
Athéna	→	Minerve
Cronos	→	Saturne
Déméter	→	Cérès
Dionysos	→	Bacchus
Éros	→	Cupidon
Hécate	→	Trivia
Hadès	→	Pluton
Hébé	→	Juventas
Héphaïstos	→	Vulcain
Héra	→	Junon
Héraclès	→	Hercule
Hermès	→	Mercure
Hestia	→	Vesta
Moires	→	Parques
Nox	→	Nyx
Ouranos	→	Uranus
Pan	→	Faunus
Perséphone	→	Persépine
Poséidon	→	Neptune
Satyre	→	Faune
Zeus	→	Jupiter

Mythologie judéo-chrétienne

10 commandements • Adam • Ange • Arbre de Judas • Armageddon • Caïn • Diable / Satan • Dieu • Eau bénite • Eden • Elijah • Ève • Exorcisme • Hallelujah • Jéhovah • Jésus-Christ / Messie • Job • Jean-Baptiste • Judas Iscariot • Lazare • Lillith • Livre des révélations • Marie • Marie de Béthanie • Marie-Madeleine • Moïse • Paradis • Péchés • Résurrection • Roi de Sheeba • Salomé • Salvation • Sodome • St Esprit • St Graal • St Marc • St Paul • St Pierre

10 commandements

Dans la tradition judéo-chrétienne, Dieu donna à Moïse les Dix Paroles ou Dix Commandements (décalogue) représentant les conditions de l'alliance conclue entre Dieu et le peuple d'Israël.

Dans les livres sacrés, le décalogue est déterminé de la manière suivante :

Introduction : c'est moi le Seigneur, ton Dieu

1. Tu n'auras pas d'autre dieu face à moi
2. Tu ne feras pas d'idole ni rien qui ait la forme de ce qui se trouve au ciel
3. Tu ne prononceras pas le nom de ton Seigneur ton Dieu en vain
4. Que le jour du sabbat on fasse un mémorial en le tenant pour sacré
5. Honore ton père et ta mère
6. Tu ne tueras point
7. Tu ne commettras pas d'adultère
8. Tu ne voleras point
9. Tu ne commettras pas de faux témoignage contre ton prochain
10. Tu ne convoiteras pas le bien ni la femme de ton prochain

Adam

Adam est le premier homme créé par Dieu à partir de l'argile. Il vit dans le jardin d'Éden. Dieu créa une femme pour Adam à partir d'argile, elle se nomme Lillith. Mais Lillith n'est pas obéissante et refuse de se soumettre à la loi de Dieu qu'Adam suit. Pour la punir, Dieu la chasse d'Éden et la rend stérile. Dieu créa une seconde femme à Adam à partir d'une côte de celui-ci pour qu'elle lui reste toujours attachée ; il s'agit d'Ève. Mais Ève est curieuse et se laisse convaincre par le serpent pernicieux de goûter au fruit de l'arbre de la connaissance. À cause de cela, Adam et Ève sont chassés du jardin d'Éden et sont condamnés à vivre sur Terre où chaque femme portera en elle le péché originel.

Ange

Ange, du latin (*angelus*) et du grec (*angelos*) signifie messager. Les anges sont les intermédiaires, munis d'ailes, entre Dieu et les hommes. L'ange est un être spirituel, souvent guide et garde mais aussi chargé d'appliqué la justice divine (ange exterminateur par exemple). Les anges incarnent la pureté, la beauté et la sérénité. Ils peuvent être représentés vêtus d'une armure ou d'une longue robe blanche.

Arbre de Judas

Selon la légende, Judas se pendit à un sureau. C'est pourquoi le sureau passe pour être maléfique.
L'arbre de Judas désigne le sureau.

Armageddon

Armageddon désigne le combat final entre les forces du bien et du mal. Il s'agit d'un moment de l'Apocalypse. Le terme d'Armageddon est souvent synonyme d'Apocalypse[2].

- **Langue**

Armageddon désigne toute situation pouvant finir de manière apocalyptique

---

2 *L'apocalypse est la fin du monde représentée par le retour du Christ victorieux rétablissant la justice sur le monde, récompensant les justes et les fidèles et châtiant les méchants et les injustes. Les anges joueront de la trompette, ce qui provoquera l'ouverture des sept sceaux du livre de l'Apocalypse dont sortiront les Cavaliers (quatre premiers sceaux) et les bêtes monstrueuses. A l'ouverture du septième sceau, le Christ sera de retour.*

Caïn

Caïn est l'un des trois fils d'Adam et Ève. Son frère cadet, Abel, est berger tandis que Caïn est agriculteur. Un jour, les deux frères se présentèrent et firent offrandes à Yahvé du fruit de leur travail. Les récoltes de Caïn n'ont pas l'approbation de Dieu tandis que les premiers nés du troupeau d'Abel sont au goût de Dieu. Jaloux d'avoir été dédaigné par Dieu, Caïn entraine son frère dans son champ et le tue. Lorsque Dieu demande à Caïn où est se trouve son frère, Caïn ment et Dieu le condamne à errer seul sur la terre sans que celle-ci puisse le nourrir. Refusant son châtiment, Caïn souhaite provoquer sa mort lors d'une bagarre. Mais Dieu ne veut pas que Caïn abrège son châtiment et le marque afin que quiconque tente de lui nuire reçoive une punition sept fois supérieure à celle qu'il voulait infliger.

Diable / Satan / Lucifer

Il s'agit de la même entité dans la littérature ainsi que les représentations visuelles. Il existe cependant une différence dans la mythologie chrétienne.

Lucifer, le « Porteur de lumière », est un archange qui fut déchu suite à sa rébellion contre Dieu lorsque celui-ci décida de créer les hommes.

Le Diable est le prince du mal est plus une entité métaphorique qu'un être. Mais le « vrai » diable est Satan.

Satan est l'adversaire de l'œuvre de Dieu. Il est celui qui tente Ève au Paradis sous la forme d'un serpent. Il est aussi celui qui tente Jésus-Christ dans les Évangiles. Ce n'est qu'au Moyen-Âge que Lucifer et Satan deviennent un seul et même être.

Le nom Belzébuth est parfois associé à ceux du diable et Satan. En démonologie, Belzébuth est le chef de l'Empire infernal, commandant de tous les démons, ce qui peut effectivement faire de lui Satan. Belzébuth le Seigneur des Mouches, est à l'origine un dieu Cananéen. Il était vénéré pour son pouvoir sur les mouches et le fait qu'il les chassait des moissons et de son temple.

Satan est représenté avec des ailles (ange déchu), possédant une ceinture de feu et un trident.

Dieu

Dieu est l'être suprême des religions monothéistes, infini et parfait, existant par lui-même, aux capacités universelles qui le rendent omniscient, omnipotent, ayant créé le monde et intemporel. Dieu est décrit comme infiniment bon mais aussi menaçant et vengeur.

Pour les juifs, Dieu est Yahvé (composé des quatre lettres Yod, Hé, Vav et Hé) ; pour les chrétiens, il s'agit de l'Éternel ; il se nomme Allah pour les musulmans.

Eau bénite

L'eau bénite est une eau qui a été bénie par des prières et des cérémonies. Elle est aspergée sur les fidèles et représente la bénédiction de Dieu. Elle permet de purifier des péchés, de se protéger du diable et des fléaux du monde. Elle met aussi en fuite les démons.

Eden

Dans la Bible, l'Éden (ou le jardin d'Éden) est le lieu où est situé le paradis terrestre.

Il s'agit de la demeure originelle des Hommes dont Adam et Ève furent chassés après que celle-ci mordit dans un fruit de l'arbre de la connaissance qui lui était défendu. Pour le christianisme, le paradis est le lieu où demeurent les âmes des hommes justes. Le mot Éden vient de l'hébreu et signifie délices.

ELIJAH

Elijah est l'un des prophètes de l'Ancien Testament. Venant d'une terre lointaine, c'est un soldat de Dieu contre les dieux païens. Auteur de nombreux miracles, il est emmené au paradis par les anges sur un chariot de feu.

Elijah est parfois associé à Malachi (mot hébreu signifiant mon messager). En son temps, le peuple Juif ne suivait pas les préceptes de Yahvé. Malachi rappela au peuple les commandements de Dieu mais on lui répondit qu'ils n'avaient rien à gagner à suivre ses préceptes et lois. Dieu, dans son infinie patience et sagesse, leur laissa une dernière chance et leur envoya Elijah afin de leur permettre de se repentir avant que Dieu ne maudisse le pays.

Dans la tradition juive, Elijah reviendra lors de la rédemption finale de l'humanité (jugement dernier) en compagnie du Messie.

ÈVE

Ève est la seconde femme d'Adam et mère de tous les Hommes. Elle fut créée par Dieu à partir d'une côte d'Adam. Ils vécurent dans le jardin d'Éden. Un jour, Ève écouta le serpent qui lui dit qu'il n'y avait aucun risque à croquer une pomme de l'arbre de la connaissance (la consommation d'un de ces fruits était interdite).

Pour cet acte, Adam et Ève furent chassés du jardin d'Éden et furent contraints d'errer sur terre. Depuis ce jour, la femme porte en elle le péché originel. Ève et Adam eurent trois fils : Abel, Caïn et Seth, et de nombreuses filles.

Exorcisme

L'exorcisme est une cérémonie destinée à faire sortir un démon du corps des personnes qu'il possède. La prière utilisée pour faire cette demande est appelée conjuration. C'est durant l'exorcisme que l'on pratique la conjuration. La conjuration est souvent associée à l'aspersion d'eau bénite.

Hallelujah / Alleluia

Alléluia signifie louer le Seigneur. Il représente l'allégresse des fidèles et est utilisé dans de nombreux chants liturgiques.

Jean-Baptiste

Cousin de la Vierge Marie, il est celui qui baptise le Christ dans le Jourdan. Il est souvent représenté portant un agneau en annonçant : *Voici l'Agneau de Dieu qui sauve le péché du monde.*
Sa mort est elle aussi très représenté. Lorsque Salomé dansa pour le roi d'Hérode, elle demanda en récompense la tête de Jean sur un plateau.

Jéhovah

Jéhovah est une prononciation déformée du nom de Yahvé.

Jésus-Christ / Le Messie

Il est le fils de Dieu, née de la Vierge Marie par l'immaculée conception. Il est née vers l'an 748 de Rome à Bethléem et mort en l'an 28 (ou 29) à l'âge de trente-trois ans à Jérusalem.
Sa vie est connue grâce aux Évangiles, qui racontent les conditions de sa naissance, la préparation de son ministère ainsi que son martyr et sa résurrection trois jours après sa mort. Après avoir été baptisé par Jean-Baptiste, Jésus débute sa mission en enseignant à ses douze disciples (apôtres) ses préceptes pour qu'ils puissent les dispenser à travers le monde. Il est l'auteur de nombreux miracles et guérisons, faisant de lui un héros pour les faibles et l'homme à abattre pour les dirigeants ; ce qui est l'origine de son martyr.
Pour les musulmans, Jésus est un prophète, au même titre que Mahomet, dont la seule vraie parole de Dieu (Allah) est le Coran.

Job

Job est un important personnage biblique. Père de sept fils et sept filles, il affronte la série d'épreuve sans trahir sa foi envers Dieu. C'est Dieu lui-même qui demande à Satan de tester Job. Il sort vainqueur des malheurs dont Satan l'accable et retrouve son intégrité physique et matérielle.
Job représente le héros victorieux qui malgré les difficultés reste fidèle à ses convictions et sa foi. Il préfigure les souffrances et la victoire du Christ sur les ténèbres et le mal.

Judas Iscariot

Judas était l'un des disciples de Jésus. Il le trahi, pour trente pièces d'argent5, et le désigne en lui donnant un baiser (hypocrite). Il est à l'origine de la Passion du Christ. Pris de remord, il se pendra.

- **LANGUE**

Les traîtres sont des Judas.

Lazare

- **MYTHOLOGIE : LAZARE DE BÉTHANIE :**

Frère de Madeleine ressuscité par le Christ. Il est le (saint) patron des croque-morts et des fossoyeurs.

- **MYTHOLOGIE : LAZARE LE PAUVRE :**

Figure populaire du christianisme enseignant que les biens de la terre retiennent les âmes de ceux qui les possèdent. L'imagerie médiévale représente Lazare (en italien, lazarro signifie mendiant) couché devant la porte d'un riche repu qui festoie tandis que les chiens lèchent ses plaies. Après leur mort, une scène montre l'âme du riche agrippée par des démons tandis que celle du pauvre est emmenée au ciel par les anges.

Lillith

Lillith est la première femme d'Adam, créée en même temps que lui à partir d'argile par Dieu. Lillith n'était pas considérée comme une bonne compagne pour Adam car elle ne lui était pas attachée et bien trop curieuse. Elle fut chassée du jardin d'Éden par Dieu et rendue stérile.

- **Démonologie**

Lillith est la reine des démons succubes. Elle cherche à faire périr les nouveau-nés (car ne peut en avoir elle-même).

Livre des révélations

Le Livre des révélations est le dernier livre du Nouveau Testament. Il s'agit de l'Apocalypse de Jean.

Marie

Marie est la mère de Jésus. Son époux est Joseph. Marie est issue de la lignée de David. Très pieuse, elle est choisie pour porter le fils de Dieu. C'est l'ange Gabriel qui se présente à elle et l'informe de son rôle. Elle donne naissance à Jésus à Nazareth. Pour les catholiques, Jésus est né de l'immaculée conception et Marie était vierge à la naissance de son fils. Elle est vénérée en tant que Mère aimante et protectrice des femmes. Elle incarne les grandes déesses l'ayant précédées, telles que Isis et Nout (égyptienne), Gaïa et Déméter (gréco-romaine). Les représentations de la Vierge à l'enfant sont directement issues des représentations d'Isis donnant le sein à Horus.

Marie de Béthanie

Marie de Béthanie est la sœur de Lazare (qui fut ressuscité par le Christ) et de Martha. Jésus était toujours bienvenu chez eux lorsqu'il passait par Jérusalem. Un passage de l'évangile de Jean nous raconte un repas où Martha servait, Lazare était assis à table

avec Jésus et que Marie de Béthanie a lavé les pieds du Christ, les a séchés avec ses cheveux puis enduit d'huile.
Marie de Béthanie est souvent associée à Marie de Magdala.

Marie-Madeleine / Marie de Magdala

Marie de Magdala est une femme ayant aidé financièrement le Christ et ses disciples. Elle assiste à sa passion, son enterrement ainsi que sa résurrection. Elle est celle qui, lorsqu'elle vient visiter le tombeau du Christ, le rencontre. Jésus lui annonce qu'il va rejoindre Dieu, son Père et lui demande de porter à nouvelle à ces disciples. On raconte que son tombeau se trouve dans le sud de la France.
Elle passe parfois pour la femme de mauvaise vie qui nettoya les pieds de Jésus. (Dans l'évangile de Luc, celui-ci décrit Marie de Magdala puis nous raconte une scène où une femme pécheresse nettoie les pieds du Christ lors d'un repas chez Simon.)
Elle est parfois identifie à Marie de Béthanie.

Moïse

Moïse est le fils d'un couple juif vivant en Égypte. Au moment de sa naissance, le Pharaon, qui avait déjà réduit en esclavage le peuple juif, ordonna que l'on tue tous les nouveau-nés mâle. Afin de le protéger, sa mère le cacha durant trois mois puis le déposa dans une corbeille sur les eaux du Nil, sous la surveillance de sa sœur Myriam. Alors que la fille du Pharaon vient se baigner, elle remarque la corbeille et adopte l'enfant. La princesse le confie à sa mère, sur les conseils de Myriam, en tant que nourrice. Moïse est élevé comme le fils d'une princesse tout en connaissant ses origines hébraïques. Devenu adulte, Moïse est contraint de fuir dans le désert après qu'il ait tué un égyptien ayant porté la main sur un juif. Il se réfugie dans le désert et fait la connaissance de Jethro qui lui donnera une fille en épouse après que Moïse les ait sauvé de bergers. C'est dans le désert que Dieu apparait pour la première fois à Moïse, sous la forme d'un buisson ardant et lui révèle son nom : Yahvé. Yahvé révèle aussi à Moïse qu'il est celui qui libérera le peuple élu de l'esclavage. Yahvé donna quelques pouvoirs à Moïse afin que celui-ci puisse prouver sa légitimité au Pharaon et aux israélites.

Moïse revient alors auprès du (nouveau) Pharaon et lui demande, aidé de son frère Aaron, de lever l'esclavage pesant sur les enfants d'Israël. Mais celui-ci refuse. Moïse transforma son bâton en serpent. Mais avec quelques tours de magie, les prêtres du Pharaon purent faire de même. Afin de prouver aux égyptiens la toute-puissance du dieu du peuple élu, Yahvé abat sur l'Égypte une série de dix plaies. Lorsque la dixième plaie s'est abattu (la mort de tous les premiers-nés) et que les juifs ont pu se prémunir (en suivant les recommandations de Dieu) en marquant leur porte du sang d'un agneau qui a été sacrifié à Yahvé, le Pharaon ordonne à Moïse et son peuple de quitter l'Égypte. Alors que Moïse et son peuple traversent le désert par une route détournée, le Pharaon souhaite que les Enfants d'Israël redevienne son esclave et envoie son armée les rattraper. Ils sont sur le point d'y arriver lorsque Moïse atteint la Mer Rouge (ou une mer de roseau[3]). Moïse étend sa main et un vent fort se lève, suffisant pour séparer la Mer Rouge en deux. Une fois que tous les Enfants d'Israël aient traversé, Moïse baisse la main et les eaux reprennent leur place, noyant ainsi l'armée du Pharaon. Afin que son peuple puisse survivre dans le désert, Yahvé leur fournit la manne (nourriture miraculeuse), se transforme en nuage la journée pour les abriter du soleil et en colonne de feu la nuit pour les éclairer. Alors qu'ils approchent du Mont Sinaï, Dieu demande à Moïse de se rendre au sommet pour qu'ils puissent conclure le pacte de Dieu avec les Enfants d'Israël. C'est à ce moment-là,

3   *Reed en anglais signifie roseau en français.*

que Dieu donne à Moïse le Décalogue (la table des lois, les dix commandements). Moïse étant absent pendant quarante jours et quarante nuits, le peuple pet confiance et la foi et demande à Aaron de leur construire une idole à adorer. C'est ainsi qu'est créé le veau d'or à partir de tous les objets en or ayant été fondus. Lorsque Moïse descendit du Mont Sinaï et vit que tous adoraient une fausse idole, il jeta le veau d'or dans le feu et transmit les Mots de Dieu. Une grande arche fut construire qui recèlerait le décalogue et les autres textes sacrés. Cet autel sera ainsi transporté et toujours avec le peuple d'Israël. Les Enfants d'Israël reprirent leur marche dans le désert. Au bout de deux années ils arrivèrent à proximité de la Terre promise. Des éclaireurs furent envoyés afin de rapporter ce qu'il s'y passait. Caleb et Josué en faisaient partis. Ils rapportèrent que la terre de Canaan était tel que décrite, avec abondance de lait et de miel. Il y avait cependant des villes-états ainsi que des tributs dans les collines. Josué et Caleb proposèrent d'y aller et de pouvoir vire sur les terres que Yahvé leur avait promis. Le reste des tributs ne les crurent pas car la rumeur disait que cet endroit était remplit de géants et les Enfants d'Israël ne souhaitaient pas retomber en esclavage. Pour les punir de leur manque de foi, Yahvé les contraint à errer dans le désert pendant quarante ans, le temps que cette génération qui n'avait pas cru en lui soit éteinte, à l'exception de Caleb et Josué. L'errance commença pour les Enfants d'Israël. C'est durant cette période que Moïse instaura les coutumes du peuple d'Israël, en accord avec les préceptes de Yahvé. Lorsque Moïse sentit la fin de sa vie venir (après avoir erré pendant quarante ans dans le désert avec les Enfants d'Israël), il convoqua Josué et le fit nouveau guide du peuple d'Israël. Ce n'est qu'à ce moment-là qu'ils furent de nouveau en vu de Canaan. Moïse mourra avant d'y entrer.

Paradis

Paradis vient du grec *paradeisos* et signifie jardin, verger. Il désigne le séjour des bienheureux après la mort. La notion de paradis est commune à la plupart des religions et mythologies des hommes, c'est un lieu des délices où séjournent les hommes (justes) après leur mort.

Péchés

Péché, du latin *peccatum*, signifie faute, crime. Il s'agit d'une transgression, volontaire ou non, des commandements de Dieu. Le péché originel est la faute que tout Homme porte en lui suite à l'expulsion d'Adam et Ève du jardin d'Éden. Les péchés capitaux, au nombre de sept, sont, à la base, des péchés mortels mais ils deviennent par la suite des péchés véniels dont la prière et la contrition peuvent effacer. Les péchés capitaux sont : l'envie, la paresse, la gourmandise, la luxure, la colère, l'orgueil et l'avarice. La notion de péché est commune à l'ensemble des religions depuis que celles-ci existent et sont nommés tabou.

Résurrection

Du latin *resurrection*, il s'agit de l'acte de se relever, se ranimer.
Il s'agit de l'un des plus grands mystères chrétien et est employé pour désigner le retour à la vie du Christ, trois jours après sa mort. Cette fête pleine de joie est célébrée pendant les fêtes de Pâques.
Ézékiel et le Christ sont les seuls à avoir eu la capacité de ressus-

citer les morts. Dans l'Apocalypse de Jean, il est dit que les saints ressusciteront et posséderont un corps immortel et lumineux.

Roi de Sheeba

Dans la mesure où Bilquis est la reine de Sheeba et passe pour l'épouse de Salomon, on peut en déduire que le roi de Sheeba désigne Salomon.

▪ Salomon

Roi du grand royaume d'Israël, fils et successeur de David, il est le constructeur du temple de Jérusalem. Salomon fut réputé pour sa grande sagesse. Le Grand Livre des Cantiques montre son amour de la beauté, de la vie, de ses femmes et concubines. Il établit en Israël le culte de divinité étrangère, telle qu'Astarté et de Molek. A sa mort, le royaume d'Israël fut démantelé.

Le seau de Salomon, souvent utilisé comme figure de base dans les talismans, est le symbole du judaïsme. On l'appelle Étoile de David quand elle n'est pas entourée du cercle.

▪ Reine de Sheeba

La Reine de Saba est la Reine légendaire d'Arabie qui vient rendre visite au roi Salomon. Salomon était réputé pour sa grande sagesse. La Reine de Saba vint lui rendre visite et pour éprouver sa sagesse, lui pose de nombreuses questions sous forme d'énigme. Selon la tradition musulman, la Reine de Saba se nomme Balkis (ou Bilqis). Selon la tradition éthiopienne, la Reine de Saba se nomme Makeda et suite à son union charnelle avec Salomon, elle donne naissance à un fils, Ménélik (Ier), qui fondera la dynastie royale d'Éthiopie.

Salomé

Salomé est la fille d'Hérodiade. Réputée pour sa grande beauté, elle obtient, pour avoir dansé devant Hérode Antipas, la tête de Jean-Baptiste qui avait dénoncé les mauvaises mœurs de la cour. La tête du saint lui fut amené sur un plateau.

Dans la statutaire, elle est représentée entourée de voile, à proximité du plateau sur lequel repose la tête de Jean-Baptiste.

Salvation

Il s'agit de l'action d'être sauvé, d'échapper à l'oubli, à la mort. La salvation permet d'assurer le salut de l'âme.

Sodome

Sodome et Gomorrhe sont deux villes ayant été détruites par Dieu en raison de leur mœurs. Lot, le neveu d'Abraham, ainsi que sa famille en ont été les seuls survivants car avertis par Dieu. Cependant, Dieu leur avait interdit de se retourner lors de leur départ. Curieuse, la femme de Lot se retourna au moment de la destruction des deux villes et fut transformée en statue de sel.

St Esprit

Le St Esprit forme, avec le Père et le Fils, la sainte trinité de l'Église chrétienne. C'est grâce à lui que la Vierge Marie conçut

Jésus et c'est aussi lui qui présida à son baptême en descendant sur lui comme une colombe.

Le St Esprit transmis ses dons aux apôtres. Au nombre de sept, ce sont les vertus en opposition aux péchés. Il s'agit de la sagesse, l'intelligence, la science, le conseil, la force, la piété et la crainte de Dieu.

St Graal

Le Saint Graal est la coupe ayant recueilli le sang du Christ lorsqu'il était sur la croix. Cette coupe serait celle dans laquelle il but lors de son dernier repas (la Cène).

La légende veut que Joseph d'Arimathie[4] l'ait apporté en Angleterre et qu'il cacha la coupe sur une colline qui deviendra par la suite Glastonbury. Il s'agit d'une relique sacré et très importante pour l'Église catholique.

Lors de la christianisation de la Grande-Bretagne, le Saint Graal fut assimilé au Graal des celtes et sa quête devient l'aventure principale d'Arthur et des Chevaliers de la Table Ronde.

St Marc

Marc est un contemporain du Christ, l'un de ses apôtres et auteur d'un évangile (le deuxième). Il est souvent représenté par un lion. Il accompagne Barnabé et Paul dans leur mission, suit Pierre à Rome. Il fonde l'église chrétienne d'Alexandrie avant de mourir en Égypte vers l'an 67.

Marc est le saint patron de Venise.

---

4 *Joseph d'Arimathie est un contemporain et disciple de Jésus-Christ. Il est celui qui offrit son propre tombeau pour le Christ ait une dernière demeure.*

St Paul

Paul est né à Tarse vers l'an 10. Il fut un apôtre tardif du Christ. Son nom de naissance est Saul. Issu d'une famille juive de citoyenneté romaine, il participe au martyr chrétien. Ce n'est que lors de sa rencontre avec le Christ qu'il reçoit l'illumination et défend ceux qu'il persécutait jusque-là. Paul sillonne l'Asie mineur pour y répandre la parole du Christ, y fonder des communautés. Emprisonné à Rome, il fut décapité en 67 sous le règne de Néron. Dans l'imagerie chrétienne, Paul est représenté tenant un glaive à ses côté et en compagnie de Pierre. C'est en rendant le christianisme universel que Paul est, aux-côtés de Pierre, fondateur de l'Église romaine (chrétienne).

St Pierre

De son nom de naissance Simon, St Pierre est l'un des premiers disciples de Jésus et devient l'un des apôtres. Il est le compagnon de Jésus et témoin de tous ses miracles. Le Christ lui donne pour mission la charge des premières communautés chrétiennes. A la mort du Christ, il partit pour Rome où il fonda son ministère et devint le premier responsable de l'Église de Rome. Il fut condamné à mort à Néron en 64. Pierre demanda à être crucifier par pied car il se sentait de mourir comme le Christ. St Pierre est reconnaissable par les clefs du ciel (qu'il reçut de son Maître et dont il a la charge) dans la main.

Principes apparaissant dans plusieurs mythologies

Démon • Enfer • Fée • Sorcière • Vampire

Démon

Du grec *daimôn*, qui signifie « génie, divinité ». Puissance terrestre ou céleste, il s'agit d'une entité que l'on rencontre dans toutes les mythologies antiques ainsi que dans les religions contemporaines. Par sa force naturelle, le démon est souvent considéré comme dangereux mais il est positif lorsqu'on le maîtrise, le dompte ou l'apprivoise, tel que le Géant vert des traditions celtiques.

Dans l'animisme, le démon est souvent l'esprit ou l'énergie d'un fleuve, d'un arbre, d'un volcan ou d'un phénomène incompréhensible ou non maîtrisable.

Pour la Bible, et notamment le Nouveau Testament, les démons sont les agents du mal, maladies et souffrances. C'est pourquoi chasser les démons correspond à guérir et apaiser le malheur des hommes. Seule la prière et le pouvoir du Seigneur peuvent triompher de ces entités négatives au service de Satan.

Enfer

- **Mythologies monothéiste**

Il s'agit du lieu où l'âme des défunts impurs et infidèles subissent les tourments comme châtiment de leurs mauvaises actions sur Terre.

Pour la religion chrétienne, seules les âmes damnés finissent en enfer, les saints finissent directement au paradis et les pêcheurs doivent accomplir leur peine au purgatoire avant de pouvoir accéder au paradis.

L'Enfer est le domaine de **Satan**, la symbolique du feu y est presque toujours rattachée.

- **Mythologie grecque**

Il s'agit du royaume des morts et Hadès en est le gardien. Tous les morts y finissent. Charon guide les morts sur le Styx pour accéder aux Enfers qui est gardé par Cerbère (qui empêche les morts de sortir). Trois juges (Minos, Éaque et Rhadamanthe) définissent dans quel lieu le défunt terminera son séjour. Les enfers comportent plusieurs lieux.

Les défunts vont dans celui qui correspond à la vie qu'ils ont menée sur Terre :

-         Le Tartare (où finissent les mauvais qui y subissent leur châtiment éternel) ;

-         Les champs d'asphodèles (où finissent la plupart des morts qui réalisent de façon mécanique les tâches qu'ils effectuaient de leur vivant) ;

-         Les Champs Élysée (lieu de délice où finissent les âmes méritantes).

- **MYTHOLOGIE SCANDINAVE**

Il n'y a pas d'enfer à proprement parlé en mythologie scandinave. Les âmes des morts finissent dans différents lieux en fonction de leur vie. Les hommes morts de vieillesse ou de maladie finissent dans le royaume de Hel[5] ; les combattants tombés au combat finissent, pour moitié, dans la Valhalla d'**Odin**, l'autre moitié va dans la demeure de Freyia

- **MYTHOLOGIE CELTIQUE**

Il n'y a pas d'enfer en mythologie celtique. Les héros partent pour l'Autre monde où règne la paix et l'abondance (à l'instar d'Arthur) tandis que le reste des mortels est emmené par l'Ankou[6] (personnage de la mort, squelette portant sa faux et remplissant sa charrette grinçante des âmes des trépassés) sur le Grand Océan vers l'ouest du soleil couchant.

- **MYTHOLOGIE ÉGYPTIENNE**

Il n'y a pas de châtiments d'outre-tombe mais les justes bénéficient d'une vie éternelle semblable à celle qu'ils ont vécue sur terre tandis que les méchants sont voués au néant.

- **MYTHOLOGIE MÉSOPOTAMIENNE**

On y trouve dans les profondeurs de la terre un Kigallou, envi-

---

5   *Le nom de Hel a donné Hell, à savoir enfer en anglais.*

6   *La **faucheuse** (ou camarde) est une descendante directe de l'Ankou.*

ronné d'une septuple enceinte. Les morts sont plongés dans une obscurité épaisse et n'ont pour nourriture que les offrandes des vivants déposées dans les tombeaux.

Le défunt devient une sorte d'esprit ou de fantôme. L'esprit-fantôme, surtout après une mort violente, prend quelque fois un aspect malveillant et tourmente les vivants.

Seuls les nouveau-nés et ceux qui sont morts avant leur temps jouissent d'une existante agréable dans l'au-delà. Les morts sans sépulture ont une existante post-mortem des plus accablantes.

FÉE

- **MYTHOLOGIE GRÉCO-ROMAINE**

L'origine du mot fée vient du latin fata / fatum, le Destin, la Fatalité. A l'origine, les fées sont les trois Moires (Parques pour les Romains) qui veillaient au déroulement de la vie des hommes : Clotho file, Lachésis dispense et Atropos tranche le fil de la vie.

- **MYTHOLOGIE FRANÇAISE**

La fée est une créature féminine dotée de pouvoir surnaturelle. Ce sont les anciennes divinités de la nature. Elles peuvent être des messagères divines. Les fées ont plusieurs appellations en fonction de leurs origines géographiques : Fada (Provence), Fade (Gascogne), Fadet, Farfadet et Fée (la plus part des régions françaises). Les fées sont tantôt bonnes, tantôt mauvaises, comme les génies.

- **MYTHOLOGIE CELTIQUE ET ARTHURIENNE**

Les fées irlandaises sont les Banshees et ont aussi le rôle de messagère. Les fées vivent dans des sids, pouvant prendre la forme d'un tertre, d'une colline ou d'un mégalithe. Elles font office d'agent de liaison dans la plus part des mythes où elles apparaissent ; ce sont les damoiselles dans la mythologie arthurienne.

- **UNIVERS FANTASTIQUE**

Cf. page 78

Sorcière

On retrouve des êtres pratiquant la magie dans l'ensemble des mythologies et religions. En revanche, la société en fait des êtres bénéfiques ou maléfiques (en fonction de la mythologie considérée). Dans tous les cas, les êtres pratiquant la magie sont toujours respectés et/ou craints.

- **Mythologie celtique**

Les druides appartiennent à une classe sociale élevée comportant les bardes, poètes et devins. Ils avaient les connaissances des plantes et de leurs utilisations. En Gaule, ils font office d'éducateurs et pratiquent de nombreux rites (celui de la cueillette du gui est le seul qui nous est connu). En Irlande, les druides sont tous magiciens. Ils évoquent le passé et prédisent l'avenir. Ils ont un rôle de guérisseur.

- **Mythologie égyptienne**

Isis est la première des magiciennes. Elle est vénérée dans toute l'Égypte et son culte est l'un des derniers à disparaitre. Les prêtres de plusieurs cultes peuvent être considérés comme des sorciers.

- **Mythologie germano-scandinave**

Les sorcières sont des femmes malignes qui tourmentent l'homme en détruisant son travail et qui métamorphosent le bétail. Elles voyagent à dos de bouc et il n'est pas rare de les voir traverser le ciel.

- **Mythologie gréco-romaine**

Hécate est la déesse de la magie et de la sorcellerie. Elle est la protectrice des sorcières et les aide à préparer leurs potions. Circé est une magicienne qui transforma les compagnons d'Ulysse en cochon lorsque ceux-ci atteignirent son île. Ulysse ne subit pas son pouvoir car il possédait une herbe, qu'Hermès lui avait donné, qui le protégeait des pouvoirs de Circé.

- **Mythologie judéo-chrétienne**

Les sorciers sont des êtres pratiquants la magie ainsi que les prêtres des anciennes religions. La magie est toujours noire (jamais blanche) car il s'agit d'une manipulation du monde tel que

Dieu l'a créé. Les êtres pratiquant la magie sont presque toujours des femmes (car la femme porte en elle le péché originel et est donc plus encline à la tentation que l'homme). Les sorciers et sorcières ont de tout temps été condamnés et persécutés. Les périodes les plus noirs ont laissé des traces dans l'Histoire (l'Inquisition du XVème au XVIIIème siècle ; le procès des sorcières de Salem en 1692…). Il ne faut pas confondre les sorciers avec les (rois)-mages qui étaient des prêtres astrologues ayant été avertis de la naissance du Christ par une étoile et l'ayant suivi pour honorer sa naissance.

- **Créature fantastique**

Cf. page 81

Vampire

- **Mythologie aztèque et maya**

Le dieu Tezcatlipoca, dieu de la Guerre et de la Nuit, était le protecteur des vampires et des **loups-garous**.

- **Mythologie grecque**

On trouve (la) Lamia[7] chez les Grecs qui enlevait les petits enfants pour sucer leur sang. Lamia faisait office de croque-mitaine à l'Antiquité.

- **Mythologie hindoue**

Les Vétalas sont des vampires qui animent les cadavres. Ils pratiquent la magie noire.

- **Mythologie judéo-chrétienne**

Il s'agit de la forme la plus populaire des vampires. Ceux-ci sont des vivants qui ont été mordus puis transformer à leur tour en vampire. Traditionnellement, il faut que le futur vampire boive du sang de vampire pour en devenir un lui-même. Mais dans

---

7   *Lamia fut aimée par Zeus qui lui donna un enfant. Héra, par jalousie, fit en sorte que Lamia dévore son propre enfant. Elle devint folle par la suite et se « transforma » en monstre vivant dans une caverne et ravissant des enfants pour se repaître de leur sang.*

certaines traditions, celui qui est mordu par un vampire devient
à son tour un vampire.

Les vampires sont des non-morts, ils n'ont pas de pouls ni de
reflet dans un miroir. Ils craignent la croix, l'eau bénite, l'ail et
l'argent (métal). Pour les tuer, il faut leur enfoncer un pieu en
bois dans le cœur ou bien leur trancher la tête. Le feu et la lumière du soleil leur sont fatals.

Les vampires sont soit les descendants de **Lillith** (première
femme d'**Adam**, créé en même temps que lui avec de l'argile ;
stériles et ravisseuse de nourrissons) ou les fils de **Judas** (celui
qui trahi le Christ pour trente pièces d'argent, en lui donnant un
baisé et qui se pendra).

▪ MYTHOLOGIE ROMAINE

Les Lémures sont les esprits des morts.

On pratiquait des cérémonies, début mai, appelé Lémuria, pour
se débarrasser de ses esprits en leur faisant offrande de fèves
noires.

▪ CRÉATURE FANTASTIQUE

Cf. page 81

Autres

Celtique
Ellyllon • Leprechaun • Mab • Pixies • Samhain

Égyptienne
Anubis • Isis

Germano-scandinave
Aegir • Ran • Valhalla

Hindoue
Ashram • Bodhisattva • Buddha • Gandhi • Kali • Karma • Nirvana

Histoire
Agrippa • Cléopâtre • Comte Dracula • Salem

Symbole
Angélique • Chêne • Jaguar • Loup • Sel • Serpent

Vaudou & Amérique latine
Chango • Tonantzin • Vaudou • Yemaya

Autre
Abracadabra • Alpha • Chaman • Destiné • Ifrit • Nécromancie • Prophète • Wicca

Celtique

Ellyllon

Ellyllon est un être féérique très proche de l'elfe scandinave. Ce sont de petits êtres féériques, se nourrissant de champignons vénéneux appelés beurre des fées. L'ellyllon connait la magie et passe pour être solitaire.

Leprechaun

Les leprechauns sont issus du folklore irlandais. L'imagerie populaire les perçoit comme des « lutins » gardiens d'or et leurs trésors se trouvent aux pieds des arc-en-ciel. Le leprechaun est plutôt proche du *cluricaune* (un être féérique qui fume, boit et vit dans les caves et celliers) et du *far darrig* (un lutin malicieux qui a la capacité d'apparaître plus grand qu'il ne l'est en réalité).

Mab / Reine Mab

Mab, ou la reine Mab, est la reine des fées dans le folklore anglais. C'est un personnage facétieux mais plutôt bienveillant. Mab est la reine des Ellyllons.
Dans la littérature, Shakespeare en fait une fée sage-femme ayant le pouvoir de délivrer les hommes de leurs rêves. Dans le poème *Nymphidia* de Drayton (1627), elle est la femme d'Obéron et reine

des petits êtres féeriques.
Mab sera remplacée dans son rôle de reine des fées par Titania.

Pixies

Les pixies sont des créatures féeriques du folklore anglais. Ces créatures hantent les collines, les rivières et les bosquets. Elles aiment détourner les voyageurs isolés de leur chemin.
Le pixie a l'apparence d'un petit homme desséché portant un costume vert et qui bat les céréales pendant qu'il monte son cheval. Dans le Somerset, il est robuste et terreux tandis qu'il est frêle, blanc et nu dans le Devo.

Samhain

Samain ou Samonios pour les Gaulois, est l'une des quatre grandes fêtes druidiques, et souvent considérée comme la plus importante.
Située le 1er novembre, elle marque la fin de l'année et le début de la suivante ainsi que la fin de la saison « claire » et l'entrée dans la saison « sombre ». C'est un temps «hors du temps» où les différents mondes peuvent communiqués, et notamment, le monde des morts avec celui des vivants.

Égyptienne

Anubis

Fils issu de l'inceste entre Osiris et Nephthys, ce qui provoque la jalousie de Seth.

Anubis est représenté comme un homme avec une tête de canidé (le chacal majoritairement).

Il aide Isis à redonner vie à Osiris (son père), ce qui fit de lui le maître des embaumeurs, gardien des nécropoles et vivificateur des défunts. Il facilite l'ascension du mort vers les régions célestes et protège son enveloppe matérielle. Il est responsable de la durée de vie des défunts : en assurant la préservation du cadavre, il empêche la destruction de l'enveloppe corporelle synonyme de mort définitive.

Isis

Fille de Geb et Nout, sœur et femme d'Osiris, mère d'Horus. Elle est aussi la sœur de Seth et Nephthys.

Elle est représentée sous les traits d'une femme portant le hiéroglyphe permettant d'écrire son nom sur sa tête. Avec Osiris, elle aide à répandre la civilisation sur l'Égypte (héritage d'Osiris de la part de Geb) dont elle donna la musique.

Lorsqu'Osiris fut tué par Seth, elle retrouva son corps et son sarcophage. Un jour qu'elle s'en éloigna, Seth retrouva le corps et le dépeça en quatorze morceaux. Isis les rechercha et les trouva avec l'aide de sa sœur (et femme de Seth) Nephthys. Elles enveloppèrent le corps de bandelettes (créant ainsi la première momie). Puis Isis, en battant des ailes, lui redonna suffisamment de vie pour lui permettre d'engendrer Horus (bien que le phallus d'Osiris n'ayant pas été retrouvé car mangé par un poisson). Isis élève Horus caché dans les papyrus et l'aide avec sa magie et son intelligence à combattre Seth pour reprendre le trône d'Égypte dont il est l'héritier légitime.

Isis, en tant que première magicienne en est la quintessence, elle peut rendre la vie tout comme provoquer la mort. C'est d'ailleurs de cette façon qu'elle force Râ à lui révéler son nom car il n'y a qu'elle qui puisse le guérir de la blessure mortelle reçue d'un serpent (qu'elle a créé à partir de terre et de salive de Râ).

Dans certaines traditions, Horus décapite sa mère (symbolisant ainsi que passage à l'âge adulte) et une tête de vache lui est donnée pour remplacer celle qu'elle a perdue. Elle peut être alors associée à Hathor, chacune représentant une facette de la Femme : Hathor étant la dame de l'amour, déesse de la fécondité de la joie et de la féminité triomphante et Isis étant l'idéal « social » de bonne épouse, mère dévouée et veuve inconsolable.

A l'époque romaine, son culte et celui d'Osiris en fait la mère universelle dans le bassin méditerranéen. La représentation d'Isis donnant le sein à Horus assis sur ses genoux inspire l'image des premières Vierges allaitantes de l'Égypte chrétienne.

Germano-scandinave

Aegir

Aegir est le géant de la mer.

Lorsqu'il quitte son île pour se rendre à l'Asgard, les Ases en sont informés et lui préparent une réception où se mêlent illusion et enseignement. Les dieux enseignent à Aegir l'origine des runes, la poésie, la lutte de Loki contre les Ases et la vie que mènent les guerriers dans le Valhalla.

Il est l'époux de Ran, la mer ravisseuse, avec qui il a neuf filles qui répandent le savoir que les Ases ont enseigné à Aegir.

Ran

Ran est l'épouse d'Aegir et la mère de ses neuf filles. Son nom signifie *La Ravisseuse*. Elle est la mer ravisseuse, sépulture de ceux qui périssent noyés. Elle représente les ténèbres et le monde de l'au-delà.

Aegir et Ran manifestent les aspects solaire et lunaire du principe des océans.

VALHALLA

Il s'agit du palais d'Odin dont les poutres sont faites de lances et les tuiles de boucliers. La moitié des morts sur un champ de combat est emportée par les Valkyries et amenée à Valhalla (l'autre moitié revient à Freyia). Ces guerriers s'entrainent chaque jour au combat (pour se préparer au crépuscule des puissants), mangent la chair du sanglier Saehrimnir qui se reconstitue chaque jour, boivent l'hydromel du pis de la chèvre Heidrun.

Hindoue

Ashram

L'ashram désigne un lieu retiré dans lequel vit une communauté et sous la responsabilité d'un gourou. Généralement situé en forêt ou dans la montagne, la communauté observe une vie simple et naturelle et mettant en pratique une stricte discipline individuelle faite de travail et de méditation.
Le gourou est le maître enseignant.

Bodhisattva

Le bodhisattva signifie celui qui est éveillé. Cet être a atteint l'état de bouddha mais y renonce pour se réincarne pour aider l'humanité ou aider un autre individu sur le chemin de Bouddha.
Les bodhisattvas sont représentés richement vêtus et parés de pierres précieuses et tenant une fleur de lotus dans la main droite.

Buddha

Bouddha est à l'origine un prince indien du nom de Siddhârta Gautama, fils du souverain de la tribu des Shâkya, né aux environs de 550 avant notre ère. Son père lui fit construire un palais merveilleux pour lui éviter les désagréments de la vie. Il y apprit l'art du combat.

Las de cette vie fastueuse, Siddhârta partit à la découverte du monde et des hommes. Ce voyage, initiatique, lui permit de nombreuses observations sur les hommes, leur comportement et le monde. Il apprit la compréhension et la compassion puis atteignit l'illumination en méditant sous un figuier. Il reçut alors l'Éveil, et c'est à partir de cet instant qu'il devint vraiment Bouddha, l'Éveillé. On lui attribue de nombreux prodiges. Il enseigna ses préceptes à ses disciples qui à leur tour enseignèrent ce qui deviendra le bouddhisme.

Le bouddhisme peut être représenté par ces quatre grandes vérités :

- Première vérité : tout est éphémère (les joies ont nécessairement une fin, ce qui occasionne de nouvelles douleurs).

- Deuxième vérité : le malheur des êtres provient de leur désir.

- Troisième vérité : si l'on supprime le désir, les frustrations et souffrances qui en découlent s'arrêteront (résultante des deux premières vérités)

- Quatrième vérité : enseigne comment se libérer de l'enchaînement karmique et d'atteindre l'illumination (qui permit à Siddhârta de devenir Bouddha).

GANDHI

Gandhi est un apôtre national et religieux de l'Inde. Né à Porbandar en 1869 et assassiné à Delhi en 1948.

Avocat de formation, Gandhi exerce pendant vingt ans en Afrique du Sud, période pendant laquelle il expérimente la résistance passive et non violente pour lutter contre les autorités. Revenu en Inde en 1915, il s'engage dans la lutte contre la domination britannique et devient l'autorité morale du parti du Congrès. Son attachement aux traditions, sa vie de pauvreté et ses multiples emprisonnements lui valent une grande popularité. À partir de 1930 surtout, il mobilise les Indiens dans la désobéissance civile. Il joue un grand rôle dans l'accession à l'indépendance en 1947. Il est assassiné en 1948 par un fanatique hindou.

Kali

La Déesse Noire. Dans l'hindouisme, Kali est la Devi, la manifestation terrible du pouvoir destructeur du temps, mais aussi la force vitale de la terre. Comme grande déesse de la fécondité, elle est en même temps une déesse de la mort. Elle est appelée Kali lorsqu'elle a deux bras et Bhadrakali lorsqu'elle est représentée avec plusieurs paires de bras.

Karma

Karma signifie loi des actes. Il s'agit de l'enchaînement des actes et de leurs conséquences d'un individu, dont la résultante est l'énergie que l'individu donne à son destin ; il est de fait le seul créateur de sa destinée.

Le karma est alourdi par tout ce qui retient l'homme à sa condition terrestre (désirs, peurs), l'obligeant à vivre de nombreuses réincarnations, dont chaque vie est déterminée par les actions de la précédente, afin de pouvoir avancer sur le chemin de Bouddha et parvenir au *nirvana* (libération lumineuse).

Nirvana

Nirvana signifie extinction. Il s'agit de l'état de sérénité absolu où l'être est libéré de ses désirs, de ses peurs et des trois passions qui mènent à la souffrance (le désir, la haine et l'erreur). Celui qui atteint le nirvana est dans un état achevé, sans devenir, dont de la roue karmique est stabilisé. Il s'agit de la suprême réalisation de soi-même dans un état de paix, d'amour universel et de parfaite sagesse.

Histoire

Agrippa

Henri-Corneille Arippa était un médecin et philosophe du XVIème siècle, né en 1486 à Cologne et mort en 1535. Il eut une carrière pour le moins orageuse chez le receveur principale de Grenoble. Souvent chargé de négociations politiques, il effectua de nombreux voyages où il avait la manie de « faire des tours de son métier de magicien » (*Vies des hommes illustres* de Thevet). C'est à travers ces études de philosophies qu'il s'est initié à la magie et à l'alchimie. Sa Philosophie occulte porte des traces évidentes de théurgie[8].

Cléopâtre

Nom de sept reines d'Égypte, dont la plus connue : Cléopâtre VII Cléopâtre VII (69 à 30 av. J.C.) Cléopâtre est célèbre pour sa beauté et son intelligence ainsi que pour ses amours avec les puissants du moment (César puis Antoine) qui lui permirent de sauver son trône. Antoine, étant été vaincu par Octave à Actium (31 av. J.C.), elle s'enfuit avec lui en Egypte où ils se suicidèrent : elle s'empoisonna (ou se fit mordre volontairement) par un aspic.

---

8   *La théurgie est l'art de parvenir à des connaissances surnaturelles et d'opérer des miracles grâce à l'intervention des esprits et génies.*

Comte Dracula

- **Historie**

Le Comte Dracula est le surnom donné à l'Vlad l'empaleur. Prince de Valachie au XVème siècle, il est le fils de Vlad Dracul (par allusion à *drac*, diable en roumain). Il fut un tyran et un guerrier cruel mais nullement un vampire. Cette dernière qualité lui a été attribuée dans les récits germaniques, russes et roumains inspirés de la mythologie roumaine du vampirisme.

- **Fantastique**

Le comte Dracula a inspiré de nombreuses œuvres littéraires et cinématographiques, dont le roman éponyme de Bram Stoker. Dans cette œuvre littéraire de 1897, Vlad III, comte Dracul, descendant de Gengis Khan (fondateur de l'empire mongol), est un vampire qui porte la contagion de la malemort, doublée de sadisme, dans une Transylvanie de cauchemar,

Salem

Salem est une ville des États-Unis, dans le Massachusetts. Cette ville est notamment célèbre pour le procès des sorcières de Salem en 1682. Ce procès entraine la pendaison de 19 personnes convaincues de sorcellerie. On sait aujourd'hui qu'il s'agissait de dénonciations calomnieuses.

La tragédie intervient au début de l'année 1692, dans une région marquée par l'hiver glacial, les combats avec les Français et les attaques récurrentes des Amérindiens. La petite colonie britannique qui subsiste à cet endroit ne dispose à ce moment d'aucun gouvernement. Pour assurer l'ordre, la population s'en remet à la religion.

Plusieurs jeunes filles, dont deux appartenant à la famille du révérend Samuel Parris, adoptent un comportement étrange. Les médecins diagnostiquent une possession satanique. Les filles dénoncent quelques habitants comme la cause de leurs agissements. Elles sont crues sur parole. S'en suit alors une chasse aux sorcières, basée sur les dénonciations et les apparences. En seulement quelques mois, environ 80 personnes, dont de nombreuses vieillardes, sont placées derrière les barreaux pour être jugées. Une série de procès se tient durant l'été. Trois vagues de pendaisons s'en suivront, coûtant la vie à 19 personnes. Quelques années plus tard, en 1700, l'un des juges, reconnaîtra publiquement sa faute et celle des autres membres du jury.

Symboles

Angélique

On utilise l'angélique pour se prémunir de la fascination de la magie. Mise en amulette autour du cou, elle permet de se garder des maléfices.

Chêne

Dans de nombreuses mythologies le chêne représente le lien entre le ciel (le divin) et la terre (les hommes).

De nombreuses divinités du ciel et du tonnerre ont des chênes qui leur sont consacrés : Zeus à Dodone, Jupiter à Rome, Ramowe en Prusse, Perun chez les Slaves. En effet, le chêne attire la foudre, ce qui est un signe de bon augure.

Chez les Romains, les couronnes issues du chêne étaient les couronnes civiques. Ce sont les plus illustres décorations militaires et l'emblème de la clémence impériale.

Il est particulièrement vénéré chez les Celtes dont l'arbre en lu-même est un temple.

Le chêne symbolise la puissance et la force (tant mentale que physique). Sa longévité en fait aussi un symbole de sagesse.

Jaguar

Le jaguar est un anaimal ayant un fort symbolisme en Amérique du Sud. Vénéré par les Maya, il était le protecteur et le gardien. Symbole de la déesse lune-terre, c'est sous cette forme que les sorcières représentent les différentes phases de la lune.
Le jaguar est le souverain du monde terrestre (voir sous la terre), il est le maître de la montagne. On le voit souvent comme l'aigle de la terre.
Lorsque le jaguar est représenté avec quatre yeux, il symbolise le don de clairvoyances.

Loup

Le loup est associé aux guerriers et à la guerre dans la plus part des mythologies antiques (celte, grec).
Dans la Rome Antique, le loup est associé à Mars, il confère courage et puissance. La louve est un symbole de fécondité et de tendresse.
Sa symbolique est très proche de celle du chien dans la mythologie celtique. Il symbolise alors la chasse et la traque. Dans la mythologie arthurienne, Merlin est accompagné d'un loup gris. Ce loup représente le double de Merlin qui voyage dans l'Autre-Monde.
Plus récemment, le loup symbolise la sauvagerie. Il est l'incarnation du mal et de Satan. La louve représente la débauche et le désir.

Sel

Le sel est un antidote souverain contre les puissances de l'enfer. Le diable l'a tellement en horreur qu'on ne mange rien de salé lors du sabbat des sorcières.

On pose un vase d'eau salée sur la poitrine des morts pour en chasser les esprits infernaux en Écosse.

C'est un mauvais présage de renverser du sel sur une table. C'est pourquoi on en jette immédiatement une pincée par dessus son épaule gauche avec sa main droite.

Le sel est un symbole d'éternité et de sagesse car il ne (se) corrompt point.

Serpent

La symbolique du serpent est extrêmement riche et variée.

Dans la mythologie gréco-romaine, le serpent est un animal de sagesse et de connaissance. Le caducée d'Hermès est composé de deux serpents s'enroulant autour d'un bâton. Le serpent symbolise la fertilité, la résurrection et de guérison. Il est le gardien des terres sacrées. Associé à Héra, le serpent devient une puissance du mal.

En Égypte antique, la femme qui cherche a assassiné son mari est désignée comme une vipère.

Dans la mythologie judéo-chrétienne, le serpent est une incarnation du mal, le tentateur qui convint Ève de goûter au fruit de la connaissance. C'est par cette action qu'Adam et Ève sont chassés du jardin d'Éden.

Dans la mythologie germano-scandinave, le serpent de Midgard, fils de Loki, entoure la terre et empêche les eaux de la recouvrir.

Pour les alchimistes, le serpent qui se mord la queue (Ouroboros) symbolise l'éternité.

Vaudou & Amérique latine

Chango

Chango est le dieu du tonnerre, de la foudre et des tempêtes. Il représente la puissance masculine. Dieu de la guerre, il aide à surmonter toutes les difficultés pour atteindre la victoire.
Son arme est une hache à double tranchant.
On représente souvent une femme au pieds du dieu et lui tendant un cadeau.

Tonantzin

Tonantzin est la déesse-mère terrestre et lunaire des aztèque. Déesse de la fertilité, elle gouverne la culture du maïs. Une mauvaise offrande pouvait conduire à la famine.

Vaudou

Le vaudou est une « religion » résultant de l'importation d'esclave en provenance d'Afrique aux Antilles. Il s'agit des rites magiques africains mélangés à la religion dominante de l'époque. La magie vaudou peut être utilisée à bon ou mauvais escient, comme toute magie.

Yemaya

Originaire d'Afrique, c'est une figure importante dans les Caraïbes. Elle serait une adaptation de l'Isis égyptienne. En tant que déesse démiurge, c'est en perdant les eaux pour accoucher de ses quatorze enfants qu'elle créa l'océan.

Yemaya est l'esprit protecteur (orisha) du fleuve Ogun et de l'eau douce. C'est une déesse-mère qui incarne la maternité et préside aux naissances. C'est la mère de nombreux dieux.

Elle partage, avec Olokun (la mer) et Oshun (l'eau douce) le royaume de l'eau. Son palais se trouve évidemment sous l'eau.

Protectrice des femmes, elle est souvent décrite comme une sirène. Elle est associée à la lune, à l'océan et aux mystères féminins. Elle est la reine des magiciennes.

Autre

Abracadabra

Abracadabra est le mot d'enchantement le plus célèbre. La figure magique que voici a le pouvoir de charmer les maladies et de guérir en particulier la fièvre. Il suffisait de la porter autour du cou et le mal disparaissait au bout de sept jours. Il existe une variante où l'incantation était jetée dans la rivière et qui lavait du mal.

Abracadabra
Abracadabr
Abracadab
Abracada
Abracad
Abraca
Abrac
Abra
Abr
Ab
A

Alpha

Première lettre de l'alphabet grec, elle représente le début, le commencement. Elle peut représenter aussi la supériorité : le mâle dominant est l'alpha de la meute.

Chaman

Les chamans peuvent être assimilés aux sorciers bien que leurs origines diffèrent. Ils sont présents dans de nombreuses régions du monde (principalement en Amérique, Australie, Afrique).
En Occident, les druides et certains prêtres avaient le même rôle.
Les chamans ont un rôle à la fois de guide et d'intermédiaire. Ce sont des médecins (identification des maladies) et guérisseurs (guérir les maladies), des devins (prédire l'avenir) et des sorciers (retrouver des personnes et objets perdus, démasquer les coupables…). Ils ont aussi un rang social important (ils nomment les enfants...).

Destiné

Il s'agit de l'avenir prédestiné de quelqu'un ou quelque chose, inévitable, souvent orchestré par une puissance supérieure. La destinée peut être soit bénéfique, il s'agit alors de bonne fortune, soit néfaste, il s'agit alors de fatalité.

Ifrit

Un Ifrit est issu de l'union d'un Djinn et d'un humain. Il s'agit d'un être aux qualités extraordinaires pouvant être diabolique.
Le termes de Djinn est originaire d'Orient et désigne un génie, pouvant apparaître sous forme humaine ou animale. Il possède les caractéristiques de la forme empruntée tout en conservant ses caractéristiques intrinsèques. Certains sont bénéfiques et d'autres redoutables.

Nécromancien

Le nécromancien est celui qui pratique la nécromancie. La nécromancie est l'art de lire dans les morts (particulièrement leurs entrailles) dans le but de prévoir l'avenir. Cette pratique est très ancienne et a toujours été considérée comme diabolique et satanique par l'Église.

Prophète

Interprète de la volonté d'une divinité pour le présent ou pour l'avenir. Ce personnage est principalement présent dans les religions et mythologies qui attendent un sauveur. C'est le rôle du prophète de préparer le peuple à sa venue.

Wicca

La Wicca est une religion néo-païenne, ayant pris un essor au milieu du XXème siècle. Ces adeptes prônent un culte envers la nature et « pratique la magie » (on peut considérer que les Wicca sont les sorciers modernes).
Ces inspirations sont multiples (bouddhisme, germano-scandinave, gréco-romaine, celte). La Wicca est particulièrement proche des celtes de par ces sabbats rituels aux pleines lunes, solstices et équinoxes ainsi que les quatre grandes fêtes celtique : Samain, Imbolc, Beltaine et Lugnasadh. De plus, le principe d'une Déesse Mère (la Lune, principe féminin) s'unissant au Dieu Cornu (principe masculin) est directement issu de la mythologie celtique.

Créatures fantastiques

Alien • Bigfoot • Dragon •
Esprit / Fantôme • Fée • Loup-garou •
Monstre • Nain • Reaper •
Shapeshifter • Skinwalker • Zombie

Alien

L'alien est l'un des nombreux noms donnés aux extraterrestres. D'origine anglo-saxonne, le mot alien signifie, à l'origine, l'autre, l'étranger. Il s'agit d'individu ne venant pas de la même planète que nous. Les autres noms des extraterrestres sont les Martiens, car l'on a longtemps cru que la planète Mars habitait des habitants (les petits hommes verts) et le nom est resté pour les individus ne venant pas de la Terre ; E.T. qui est la dénomination anglo-saxonne pour ExtraTerrestre. On peut rencontrer aussi les initiales EBE pour entité biologique extraterrestre.

Bigfoot / Yéti

Le yéti, aussi appelé abominable homme des neige, vit sur les sommets de l'Himalaya. De nombreuses personnes témoignent d'avoir vu une grande créature velue (plus de deux mètres) se déplaçant sur deux pattes et s'enfuyant sur les quatre. Le yéti ne semble sortir de son antre que lorsque le champ de vision de l'homme est réduit : lors de tempête de neige, de brouillard. Le bigfoot est l'équivalent du yéti sauf qu'il vit dans les bois. Il existe de nombreux témoignages de ses traces de pas dans la boue.
Les amérindiens le nomment *sasquatch*.

Dragon

Le dragon est une créature légendaire présente dans de nombreuses régions du monde. Il est représenté comme un grand serpent ailé et a la particularité de cracher du feu.
En Europe, le dragon est présent dans la légende arthurienne

mais aussi dans l'histoire des Saints où il représente le diable à combattre et vaincre. Le dragon est très présent dans la tradition galloise dont le dragon rouge est l'emblème.

Le dragon est présent dans de nombreuses légendes françaises. Le dragon de Niort ravageait la région lorsqu'un soldat parvient à le tuer en lui enfonçant son poignard dans la gorge mais fut tué par la morsure du monstre. Pour Chateaubriand, les insectes que l'on peut observer au microscope sont des dragons qui ont diminué de taille à mesure que les ressources diminuaient en énergie. A Cracovie (Pologne), un dragon vivait dans une grotte sous le château qui surplombait la Vistule. Chaque jour, il sortait et ravageait la campagne afin de dévorer les hommes. Le prince eut l'idée de fourrer un agneau avec du soufre et de l'offrir en sacrifie au dragon. Le dragon sortie de sa grotte et dévora l'agneau. Mais le soufre, se mélangeant avec le feu de sa gorge, donna tellement soif au dragon qu'il but toute la rivière sans jamais apaiser sa soif. Il but tellement qu'il explosa. (on raconte parfois que le roi offrit sa fille en mariage à celui qui parviendrait à tuer le dragon et qu'un jeune cordonnier mis en place ce stratagème et qu'il épousa la princesse).

En Orient, il faut manger le cœur ou le foie d'un dragon pour devenir sorcier ou devin.

Le dragon est une créature divine pour les Chinois. Le dragon est le gardien de tous les biens de la terre et vit au sommet de la montagne. Il dispense à son gré la pluie et le tonnerre. Les Chinois regardent le dragon comme le principe de leur bonheur. En tant qu'espèce disparue, il est fort possible que le dragon représente les dinosaures.

Fantôme

- **MYTHOLOGIE**

Les fantômes font partie de ces êtres présents dans l'ensemble des mythologies. Les vivants les craignent et ont établi de nombreux rites afin qu'un défunt ne revienne pas sous la forme d'un fantôme (feux follets celtes). Les lémures peuvent aussi bien être des fantômes que des vampires.

- **LÉGENDE**

Le fantôme, revenant, esprit, apparition, phantame[9], spectre, est l'apparition d'un défunt sous une forme réelle ou translucide. Le défunt revient sous cette forme, notamment en cas de mort violente, pour se venger ou être venger. Il existe plusieurs rituels pour se débarrasser d'un fantôme, en particulier celui de lui fournir une sépulture décente ou de lui obtenir réparation. Lorsqu'un fantôme n'a pu l'obtenir, il hante les lieux et peut se transformer en mauvais esprit jusqu'à ce que quelqu'un l'aide à obtenir justice.

- **ECTOPLASME**

L'ectoplasme est la substance immatérielle qui sort du corps d'un médium lorsque celui-ci entre en transe. Cette substance, de couleur grise à blanche, n'est pas visible lorsqu'il a trop de lumière. Il s'agit d'un phénomène éphémère car l'ectoplasme, qui peut prendre la forme du corps du médium, retourne au bout de quelques instants dans le corps du médium.

- **ESPRIT**

Un esprit est l'âme d'un mort qui ère sur Terre.

- **PHANTOM**

En anglais, *phantom* peut être un synonyme de *ghost* (fantôme), de *spectre* (spectre) ou *apparition* (apparition).

- **POLTERGEIST**

Un poltergeist est un esprit frappeur, originaire d'Allemagne, il est caractérisé par sa capacité à faire du bruit, exprimer sa présence en déplaçant des objets.

- **SPECTRE**

Un spectre est une substance sans corps qui se présente aux hommes pour leur causer des frayeurs. Le spectre est parfois associé à un fantôme.

- **WRAITH**

Wraith (en anglais) désigne une apparition ou un spectre dans le folklore celtique (Royaume-Uni).

---

9   *Du latin phantasma : apparition.*

Fée

A chaque fois que quelqu'un affirme ne pas croire aux fées, cela provoque la mort d'une fée dans le monde (*Peter Pan*). La fée est présente dans l'univers fantastique, souvent sous sa forme bénéfique (elle portera le nom de sorcière sous sa forme maléfique).

- **Mythologie :**

Cf. page 47

Loup-garou

Le loup-garou est un homme (ou une femme) ayant la capacité de se transformer en loup. Il s'agit d'une transformation volontaire si l'homme a fait un pacte avec le diable.

Mais le loup-garou peut aussi être un homme qui voit sa nature modifiée suite à la morsure d'un autre loup-garou. Populairement, l'homme se transforme en loup les nuits de pleine lune (ainsi que la nuit précédente et le nuit suivante).

Le loup-garou est le plus souvent un être terrifiant et maléfique. Certains loups-garous le sont devenus suite à un pacte avec le diable.

Certains récits en font les ennemis naturels des vampires.

Le loup-garou est présent dans de nombreux folklores.

En France, l'histoire la plus célèbre nous vient d'Auvergne. Un soir, un seigneur vue un ami chasseur partir chasser dans la forêt. Il lui demanda de lui rapporter le butin de sa chasse et le chasseur accepta. Lorsqu'il entra dans la forêt, il se fit attaqué par un loup. Le loup faillit le dévorer mais le chasseur parvint à lui couper la patte avant droite et le loup prit la fuite. Le chasseur ramassa la patte, la mis dans sa besace et retourna chez son ami. Il raconta son aventure au seigneur et lorsqu'il sortit la patte de son sac, celle-ci s'était transformée en main et avant-bras de femme portant un anneau d'or. Le seigneur reconnu l'anneau comme celui de sa femme et alla la trouver. Elle était devant la cheminée et son bras était caché dans son tablier. Lorsqu'il lui présenta le bras, la femme avoua qu'elle était loup-garou. Le seigneur la livra à la justice et elle fut brûlée pour sorcellerie.

- **MYTHOLOGIE :**

Le premier loup-garou fut Lycaon. Prince d'Arcadie, il avait pour habitude de sacrifier les étrangers qui traversaient son état à Jupiter Lycaeus. Un soir, Jupiter se présenta anonymement chez Lycaon qui l'invita à sa table et lui offrit l'hospitalité pour la nuit. Lycaon voulait sacrifier Jupiter mais il s'assura au paravent que ce n'était pas un dieu. Pour se faire, il fit servir à son invité un ragoût de viande humaine. Un feu vengeur s'alluma sur ordre de Jupiter qui ravagea la maison et transforma Lycaon en loup. Il pourrait reprendre forme humaine au bout de dix ans à condition de s'abstenir de viande humaine.

Monstre

Le monstre est une créature qui n'est pas humaine et qui ne cherche qu'à faire le mal. Dans la culture populaire, il n'y a que les créatures bénéfiques (généralement les bonnes fées) qui ne sont pas des monstres.

Nain

Le nain, en tant que créature fantastique est présent chez les scandinaves ainsi que chez les grecs.
Pour les scandinaves, les nains sont les fils du géant Ime, dont Odin et ses frères utilisèrent les parties de son corps pour créer le monde et toute chose. Ils demeurent entre la terre et les rochers, c'est pourquoi on les figure souvent dans des mines ou dans la

montagne.

Pour les grecs, les nains sont appelés pygmées et sont les ennemis des grues. Chaque hiver, les pygmées se regroupent dans les champs et livrent bataille aux grues pour les empêcher de rejoindre leur pays.

On retrouve les nains dans la littérature. Ce sont les lilliputiens que rencontre Gulliver. Cyrano de Bergerac, quand à lui, rencontre des nains pas plus hauts que le pouce lors de son Voyage au soleil.

Avoir un nain (ou un fou) à sa cour était le luxe des plus riches.

Reaper

Reaper pour les anglais est La Faucheuse ou la Camarde en France. Il s'agit de la personnification de la mort qui emmène l'âme quand le temps est venu. L'Ankou est l'ancêtre du Reaper. Ce personnage n'est ni bon ni mauvais, il accompagne les hommes après leur mort vers leur dernière demeure. Ce personnage est présent dans de nombreux folklore et mythologie.

Shapeshifter/Changeforme / Métamorphe

La capacité de changer d'apparence est présente dans de nombreux folklores. Cette caractéristique est associée aux dieux, aux héros et aux créatures fantastiques. Les sorcières ont la capacité de se transformer ou de transformer les autres pour se venger.

Skinwalker

- **Mythologie amérindienne**

Le skinwalker est issue de la tradition Navajo. Il s'agit d'une personne malveillante possédant des pouvoirs surnaturels. Le skinwalker prend l'apparence d'un loup, d'un coyote ou d'un autre animal lorsqu'il porte une peau de cette espèce.
Skinwalker signifie littéralement marcheur-peau.

Sorcière

Les sorcières sont des femmes pratiquant la magie, fabriquant des potions dans des chaudrons, lançant des sorts (parfois à l'aide d'une baquette magique). Il arrive parfois qu'elles se déplacent sur des balais volants et peuvent aussi métamorphoser les êtres ou bien elles-mêmes. Elles sont souvent craintes mais toujours respectées. Elles peuvent aussi bien être bénéfique (pratiquant la magie blanche) que maléfique (pratiquant la magie noire). Il arrive fréquemment qu'une sorcière pratiquant la magie blanche bascule du côté du mal suite à un évènement tragique. La sorcière est régulièrement rencontrée dans l'univers fantastique, soit en tant que héros, soit en tant qu'aide ou d'ennemie.

- **Mythologie**

Cf. page 48

Vampire

La forme traditionnelle du vampire est celle popularisée par Bram Stoker, à travers son roman *Dracula*. Le comte Dracula était

un personnage sanguinaire de son vivant qui devient vampire
à sa mort. Le vampire est souvent séduisant, exerçant un attrait
particulier lié aux dangers de la nuit. Avant de pouvoir entrer
dans un lieu d'habitation, le vampire doit y être invité par l'un
des occupants de celle-ci.

Le vampire est régulièrement rencontré dans l'univers fantastique, le plus souvent sous sa forme judéo-chrétienne, soit en tant
que héros, soit en tant qu'ennemi.

- **MYTHOLOGIE**

Cf. page 49

ZOMBIE

Les zombies sont des morts-vivants, à savoir des morts qui sont
« revenus » à la vie. Un sorcier (traditionnellement vaudou) ou
un nécromancien anime le cadavre du mort par un sort. Le mort
devient ainsi vivant au sens où il peut réaliser des actions mais
reste mort car sans conscience. Le zombie est l'esclave du sorcier
qui l'a animé.

Guide des épisodes

01.01. Amour interdit - *Strange Love*
————————————— Vampire[10] (M + F) ; Loup-garou (F)

01.02. Première Fois - *The First Taste*
————————–Satan (JC) ; Démon (M); Jésus-Christ (JC)

01.03. À moi - *Mine*
————————Diane (GR) ; Diable (JC) ; Armageddon (JC)

01.04. Qui s'y frotte s'y pique - *Escape from Dragon House*
————————— Dragon (F) ; Paradis (JC) ; Ange (JC)

01.05. Sang pour sang - *Sparks Fly Out*
——— Ambroisie (GR) ; Zombie (F) ; Livre des Révélations (JC)

01.06. Lourde Absence - *Cold Ground*

01.07. Tout feu tout flamme - *Burning House of Love*
————————— Eau bénite (JC) ; Exorcisme (JC) ; Gaïa (GR)

01.08. La Quatrième Personne - *The Fourth Man in the Fire*
—————————————— Vaudou (A) ; Monstre (F)

01.09. Plaisir d'amour - *Plaisir D'Amour*
————————————————————— Marie (JC)

01.10. Le Grand Secret - *I Don't Wanna Know*
——————————–Shapeshifter (F) ; Angélique (A)

01.11. Jusqu'à ce que la mort nous sépare - *To Love Is to Bury*

01.12. La Fin d'un cauchemar - *You'll Be the Death of Me*

———————————

10   *Il s'agit de la première apparition dans la série.*

02.01. Le Goût du sang - *Nothing but the Blood*
–––––––––––––– **S**t **P**aul **(JC)** ; **P**an **(GR)** ; **D**aphné **(GR)**

02.02. Que la fête commence - *Keep This Party Going*
–––––––––––– **E**den **(JC)** ; **M**oïse **(JC)** ; **A**bracadrabra **(A)**

02.03. Coup de griffe - *Scratches*

02.04. D'un claquement de doigts - *Shake and Fingerpop*
––––––––––––––**L**azare **(JC)** ; **D**racula **(A)** ; **C**aïn **(JC)** ;
Éve **(JC)** ; **A**nubis **(A)** ; **A**lpha **(A)**

02.05. Ne m'abandonne jamais - *Never Let Me Go*
–––––––––––– **S**orcière **(M + F)** ; **M**arie-**M**adeleine **(JC)** ;
Valhalla **(A)** ; **R**oi de **S**heeba **(JC)**

02.06. La Fin du voyage - *Hard-Hearted Hannah*
–––––––––––––––––––– **P**échés **(JC)** ; **S**t **P**ierre **(JC)**

02.07. Émancipation - *Release Me*
–––––––––––––––––– **K**ali **(A)** ; **L**illith **(JC)** ; **I**sis **(A)** ;
Ménade **(GR)** ; **D**yonisos **(GR)**

02.08. Lassitude du vampire - *Timebomb*
–––––––––––––––––––––––– **J**udas **(I**scariot**) (JC)**

02.09. Les Condamnés - *I Will Rise Up*

02.10. Le jour se lève - *New World in My View*
––––––––––––––––––––––––––––––– **B**acchus **(GR)**

02.11. Frénésie - *Frenzy*
–––––––––––––––––––––––––––––– **S**odome **(JC)**

02.12. Et si le sauveur n'existait pas - *Beyond Here Lies Nothin'*
––––––––**B**romios **(GR)** ; **D**entritès **(GR)** ; **E**norche **(GR)** ;
Titan **(G**r**)** ; **A**théna **(G**r**)** ; **A**lien **(F)**

■■■■■ SAISON 03 ■■■■■

03.01. Du mauvais sang - *Bad Blood*

03.02. Beautés brisées - *Beautifully Broken*

03.03. Douloureuse vérité - *It Hurts Me Too*
--------------------------------- FANTÔME (F)

03.04. Neuf Crimes - *9 Crimes*

03.05. Problème - *Trouble*

03.06. J'ai le droit de chanter du blues - *I Got a Right to Sing the Blues*
-------------------------- TONANTZI (A) ; CHANGO (A)

03.07. Tomber à terre - *Hitting the Ground*

03.08. Nuit au soleil - *Night on the Sun*

03.09. Tout est brisé - *Everything is Broken*
---------------JAGUAR (A) ; JÉHOVA (JC) ; HALLELUJAH (JC)

03.10. Je sens un traître - *I Smell a Rat*
---------------- FÉE (M + F) ; ELLYLLON (A) ; WICCA (A)

03.11. Sang frais - *Fresh Blood*
------------------------------------- SEL (A)

03.12. Le diable est toujours là - *Evil Is Going On*
------------------------------------ NIRVANA (A)

■■■■■ MINISODES ■■■■■

1.   *Eric and Pam*

2.   *Jessica*

3.   *Sookie, Tara and Lafayette*

4.   *Sam*

5.   *Bill*

6.   *Jason*

04.01. Elle n'est pas là - *She's Not There*

                 ‑‑‑‑‑‑‑‑‑‑‑‑‑‑‑‑‑‑‑ Mᴀʙ (A) ; Mɪɴᴇʀᴠᴇ (GR)

04.02. Tu as le fumet d'un dîner - *You Smell Like Dinner*

                 ‑‑‑‑‑‑‑‑‑‑‑‑‑‑‑‑‑‑‑ Sᴋɪɴᴡᴀʟᴋᴇʀ (F)

04.03. Si tu m'aimes, pourquoi je meurs ? - *If You Love Me, Why Am I Dyin'?*

04.04. Je vis et je brûle - *I'm Alive and on Fire*

             ‑‑‑‑‑‑‑‑‑‑‑‑ Nᴇ́ᴄʀᴏᴍᴀɴᴄɪᴇ (A) ; Sᴀʟᴇᴍ (A) ; Aᴇɢɪʀ (A) ; Rᴀɴ (A) ; Lᴇ́ᴛʜᴇ́ (GR) ; Hᴀᴅᴇ̀s (GR) ; Mɴᴇ́ᴍᴇsᴏɴɪs (GR)

04.05. Le Diable et moi - *Me and the Devil*

          ‑‑‑‑‑‑‑ Gᴀɴᴅʜɪ (A) ; Cʜᴀᴍᴀɴ (A); 10 Cᴏᴍᴍᴀɴᴅᴇᴍᴇɴᴛs (JC)

04.06. J'aurais aimé être la Lune - *I Wish I Was the Moon*

                 ‑‑‑‑‑‑‑‑‑‑‑‑‑‑‑‑‑‑‑ Sᴇʀᴘᴇɴᴛ (A) ; Yᴇᴍᴀʏᴀ (A)

04.07. La Lumière froide et grise de l'aube - *Cold, Grey Light of Dawn*

                 ‑‑‑‑‑‑‑‑‑‑‑‑‑‑‑‑‑‑‑ Rᴇ́sᴜʀʀᴇᴄᴛɪᴏɴ (JC)

04.08. Les Liens du sort - *Spellbound*

04.09. Sortons d'ici - *Let's Get Out of Here*

04.10. La maison brûle - *Burning Down the House*

04.11. Âme de feu - *Soul of Fire*

04.12. Quand je mourrai - *And When I Die*

                 ‑‑‑‑‑‑‑‑‑‑‑‑‑‑‑‑‑‑‑ Sᴀᴍʜᴀɪɴ (A)

05.01.   Transformez-la ! - *Turn! Turn! Turn!*

05.02.   L'autorité gagne toujours - *Authority Always Wins*
————————————————————— **Salomé** (JC) ; **Adam** (JC)

05.03.   Quoi que je sois, tu m'as transformée - *Whatever I Am, You Made Me*
————————————————————— **Jean-Baptiste** (JC)

05.04.   On se retrouvera - *We'll Meet Again*
————————————— **Job** (JC) ; **Arbre de Judas** (JC)

05.05.   On va s'éclater ! - *Let's Boot and Rally*
————————————— **Ifrit** (A) ; **Leprechaun** (A)

05.06.   Sans espoir - *Hopeless*

05.07.   Au commencement - *In the Beginning*
————————————————————— **Agrippa** (A)

05.08.   Quelqu'un que je connaissais bien - *Somebody That I Used to Know*

05.09.   Tout le monde veut régir le monde - *Everybody Wants to Rule the World*

05.10.   La Fin d'une époque - *Gone, Gone, Gone*
————————————————————— **Elijah** (JC)

05.11.   Coucher de soleil - *Sunset*

05.12.   Sauve qui peut - *Save Yourself*
—————————**Pixies** (A) ; **Prophète** (A) ; **St Graal** (JC)

07.01. Jésus sera là - *Jesus Gonna Be Here*

07.02. Je t'ai retrouvé - *I Found You*
– **Reaper (F)**

07.03. Tous aux abris ! - *Fire in the Hole*

07.04. La Mort n'est qu'un début - *Death Is the Not the End*
– –**Cronos (GR)**

07.05. Cause perdue - *Lost Cause*

07.06. Le Karma - *Karma*
– – – – – – – – – **Ashram (A) ; Bodhisattva (A) ; Bouddha (A)**

07.07. Une dernière fois - *One Last Time*
– – – – – – – – – – – – – –**Chêne (A) ; Nain (F) ; St Esprit (JC)**

07.08. Plus près....du sol - *Getting Closer…to the Ground*
– – – – – **Le Messie (JC) ; Hélène de Troie (A) ; Cléopâtre (A)**

07.09. Aimer et mourir - *Love Is to Die*
– – – – – – – – – – – – **Salvation (JC) ; Marie de Béthanie (JC)**

07.10. Merci - *Thank You*

Table des matières

Élément	Mythologie	Page
Hallelluyah	Judéo-chrétienne	30
Hélène de Troie	Gréco-romaine	17
Ifrit	Autre	71
Isis	Autre - *égyptienne*	55
Jaguar	Autre - *symbole*	66
Jason	Gréco-romaine	18
Jean-Baptiste	Judéo-chrétienne	30
Jéhovah	Judéo-chrétienne	31
Jésus-Christ	Judéo-chrétienne	31
Job	Judéo-chrétienne	31
Judas Iscariot	Judéo-chrétienne	32
Kali	Autre - *hindoue*	61
Karma	Autre - *hindoue*	61
Lazare	Judéo-chrétienne	32
Leprechaun	Autre - *celtique*	53
Léthé	Gréco-romaine	19
Lillith	Judéo-chrétienne	33
Livre des révélations	Judéo-chrétienne	33
Loup	Autre - *loup*	66
Loup-garou	Fantastique	78
Mab	Autre - *celtique*	53
Marie	Judéo-chrétienne	33
Marie de Béthany	Judéo-chrétienne	34
Marie-Madeleine	Judéo-chrétienne	34
Moïse	Judéo-chrétienne	35
Ménade	Gréco-romaine	19
Minerve	Gréco-romaine	13
Mnemesonis / Mnémosyné	Gréco-romaine	20

Élément	Mythologie	Page
St Paul	Judéo-chrétienne	41
St Pierre	Judéo-chrétienne	41
Titan	Gréco-romaine	21
Tonantzin	Autre - *Amérique latine*	68
Valhalla	Autre - *germano-scandinave*	58
Vampire	Fantastique	81
Vampire	Multiple	49
Vaudou	**Autre - *vaudou***	69
Wicca	Autre	72
Yemaya	Autre - *vaudou*	69
Zombie	Fantastique	82

Bibliographie

• *Encyclopédie du fantastique et de l'étrange l'intégrale, B. Bottet, éd. Casterman, 2008*
• *La Mésopotamie,Ascalone E.,éd. Hazan,2006.*
• *Dictionnaire Infernal, J.A.S. Collin de Plancy, éd. Plon, 1863*
• *Dictionnaire Encyclopédique – Édition 2000 ,Collectif,éd. Hachette,1999.*
• *Le petit Larousse des Mythologies du Monde,Collectif,éd. Larousse,2011.*
• *Encyclopédie de la Mythologie,Collectif,éd. le livre séquoia,1962*
• *Petit Larousse des Symboles,Collectif,éd. Larousse,2006.*
• *L'Atlas des civilisations anciennes,Collectif,éd. Atlas,2003.*
• *Mythes et Dieux de l'Inde,Daniélou A.,éd. Flammarion,1992.*
• *Dictionnaire de la Mythologie,Grand M. & Hazl J.,éd. Texto,2010.*
• *A Dictionnary of Celtic Mythology, J. MacKillop, éd. Oxford !reference, 1998*
• *Dictionaire des Yokai, S. Mizuki, édi. Pika, 2015*
• *Dictionnaire de Mythologie Celtique,Persigout J.-P.,éd. Imago,2009.*
• *Dictionnaire des Mythologies,Philibert M.,éd. Maxi-poche Références,1998.*
• *Dictionnaire des Religions ,Thibaud R.-J.,éd. Maxi-poche Références,2000.*
• *Dictionnaire de Mythologie et de Symbolique Celte,Thibaud R.-J.,éd. Devry Poche,1995.*
• *Dictionnaire des noms de divinités, Mathieu-Colas M., 2013.*
• *Who Is Who In The Non-Classical Mythology, Skyes E., éd; Routledge , 2010*

© Editions C.M. Dutkiewicz 27370 St-Didier-des-Bois
Dépôt légal : Février 2019